AF233516

SAISIE-ARRÊT DES SALAIRES ET PETITS TRAITEMENTS

Loi du 12 janvier 1895

CRITIQUE. — PROJET DE RÉFORME

Rouen. — Imp. Léon Gy.

OBSERVATIONS

*Présentées à MM. les Sénateurs par la Communauté des Huissiers de l'arron-
dissement de Rouen, tendant à la réforme de la loi organique de la saisie-
arrêt des salaires et petits traitements.*

Messieurs les Sénateurs,

Notre corporation s'émeut à juste titre de l'admission en première délibération, par
le Sénat, sur les termes du rapport de M. Savary, de la proposition de loi tendant à
modifier la procédure de la saisie-arrêt des salaires et petits traitements instituée par
la loi du 12 janvier 1895.

Cette proposition, si elle était admise définitivement, aurait en effet pour les huissiers
de très graves conséquences ; non seulement elle entraînerait la ruine de quelques-
uns, mais elle porterait atteinte au principe de leur institution, ce qu'on n'avait pas
encore fait jusqu'à ce jour, en raison de l'indispensabilité de leurs fonctions, et ceci
sans qu'il en puisse résulter par ailleurs **aucun profit pour le bien public.**

Cette seule considération suffit amplement à légitimer leur émotion et leurs in-
quiétudes. Quelle utilité peut-on trouver à les dépouiller si le principal intéressé :
l'ouvrier, celui qui est l'objet de toute la sollicitude des Pouvoirs publics et en faveur
duquel la refonte de la loi de 1895 a été demandée, ne peut qu'en être lésé et en subir
de plus lourdes charges. Car l'examen, même superficiel, de cette proposition de loi
n'arrive rien moins qu'à démontrer qu'elle constituerait un non sens avec les plus
louables aspirations d'où elle est partie.

Quelles sont les causes, les vicissitudes qui ont fait aboutir cette recherche du mieux
à un but diamétralement opposé?

Ne pouvant soupçonner un instant la bonne foi des auteurs de la proposition, nous
ne pouvons faire résider ces causes que dans l'erreur ou dans une insuffisance d'infor-
mations qui a vicié leur point de départ.

Les plaintes et les critiques soulevées par la loi du 12 janvier 1895 ont toutes été
relatives aux nombreux déplacements et démarches qu'elle a occasionnés et surtout

aux frais souvent disproportionnés des répartitions judiciaires qui ont été, dans bien des cas, une cause de surprise et de déception.

Inconséquence ! Le seul remède que la Commission semble avoir trouvé est l'exclusion de notre ministère ! Elle nous supprime sans aucun égard pour nos plus légitimes attributions que nous tenons depuis plus d'un siècle, sans se soucier de nos besoins, de notre droit, comme tous les autres fonctionnaires, de vivre de notre travail tant que nos fonctions seront utiles au lien social.

Notre raison d'être a autant de force aujourd'hui qu'il y a un siècle. Nous existerons, tout au moins nos fonctions existeront, aussi longtemps que toute justice, puisqu'on ne peut concevoir une justice dont les arrêts demeureraient lettre morte ; pourquoi alors prendre une partie de nos attributions, qu'on ne peut espérer voir ni mieux ni plus avantageusement remplacées par le système qui vous a été proposé.

Et demandons-nous, pour être maintenus dans la procédure qui nous occupe, de continuer à prélever sur les humbles des droits qui ont pu, dans un passé déjà loin, être considérés comme exorbitants et excessifs ! Nullement. Nous qui nous plaignons de la modicité de nos tarifs et qui demandons aide au Parlement, nous avons compris, comme tous les citoyens, qu'il s'imposait un sacrifice en cette matière. Nous le faisons porter sur l'abandon des émoluments de copies de pièces et dans la limitation à 4 francs des frais de voyage.

Mais nous enlever ce qui nous reste, sans profit pour l'ouvrier, serait un illogisme qui entraînerait la spoliation partielle de notre modeste avoir. Nous attirons l'attention du Parlement sur de telles conséquences qu'il ne peut vouloir, et exposons à ses membres, dans l'intérêt de la réforme et de nous-mêmes, les considérations que notre expérience sur ces sujets spéciaux peut nous autoriser à leur présenter. Nous espérons ainsi que, mieux informés, ils hésiteront à sanctionner une proposition de loi contenant plus de formalités, plus d'imperfections que la loi de 1895, et qui, si elle était comprise du monde le plus directement touché par ses dispositions (ouvriers et patrons), n'y pourrait soulever que des protestations.

*
* *

Dès l'apparition de la loi innovatrice du 12 janvier 1895, des difficultés à sa mise en œuvre ne tardèrent pas à se faire jour ; son formalisme pesa sur ceux qui devaient en profiter en les obligeant à des démarches et à des déplacements sans nombre, toujours onéreux ; elle parut lourde encore à ceux qui devaient la subir.

Et c'est ce formalisme étroit et infécond qui, dans la proposition qui vous a été soumise, refleurit à plaisir, enserre plus étroitement les rapports des parties avec un ensemble plus considérable de gênes, d'incommodités, de tracasseries pour les uns et de charges pour les autres.

On attendait beaucoup de bien d'un principe qui a paru fondamental à la loi de 1895 : l'unicité de saisie-arrêt. Ce principe n'a jamais pu être pratiquement obtenu. L'instabilité du domicile de l'ouvrier en étant l'obstacle le plus grave et l'expérience ayant démontré que cette instabilité est plus grande chez l'ouvrier frappé de saisie-arrêt. Ce principe ne serait pas observé davantage si le régime changeait et que ce soit au domicile du patron que la centralisation soit rattachée : peut-être aussi souvent que de résidences certains ouvriers changent de patrons. Malgré tout l'attrait contenu dans la nouveauté de ce système, lequel comportait, dans l'esprit de ses auteurs, la simplicité et une économie de frais, son fonctionnement n'a pas produit ce résultat ni tourné à l'utilité ni à l'avantage des parties. Il a d'abord nécessité une complication importante : l'établissement d'un registre spécial, catalogue de débiteurs gênés et malheureux, obligeant les greffes à la tenue laborieuse de répertoires alphabétiques. La complexité des recherches sur ces registres a fait que le visa d'un titre, opération demandant tout au plus cinq minutes pour son exécution, oblige le porteur à le déposer préalablement au greffe, pour ne pouvoir l'en retirer parfois que plusieurs semaines plus tard. Le créancier éloigné du greffe doit, sinon se déplacer, tout au moins entretenir une correspondance avec le greffier, lequel exige, pour le retour, une rétribution plus ou moins forte, qu'il serait peut-être rigoureux de qualifier d'abusive, étant donné que, dans certains cantons, un commis-greffier doit s'occuper spécialement de ces formalités. Ces démarches, correspondance, temps perdu, représentent une valeur ; aussi, l'intervention, en devenant tout aussi coûteuse que la saisie-arrêt, présente plus de difficultés dans son application, puisqu'elle exige, outre le visa du titre, une démarche personnelle du créancier au greffe, ou de son mandataire porteur de son pouvoir spécial. Tous ces faits méritent d'être observés, sans idée préconçue, d'autant plus attentivement qu'ils paraissent insignifiants à première vue.

L'abandon de ce principe entraînera la disparition du registre spécial et de ses indiscrétions sur les débiteurs.

On a ingénieusement comparé ce registre à un casier judiciaire de dettes ; cette comparaison comporte un grand fond de vérité.

Sa suppression amènera du même coup celle des mainlevées.

Installé un peu à l'instar d'un registre de conservation hypothécaire, l'opposition qui y était mentionnée ne pouvait, en effet, disparaître de ce registre que par une radiation en bonne et due forme, d'où nécessité d'une mainlevée signifiée et déposée au greffe.

Négliger cette formalité, c'était exposer le patron aux pires ennuis. Celui-ci, après avoir acquitté le montant de l'opposition, se croyait naturellement à l'abri de tout recours et tranquille sur ses obligations qu'il considérait éteintes. Erreur. La saisie-arrêt continuait d'exister légalement entre ses mains tant qu'elle existait sur le registre spécial. Cette situation n'était pas exempte de dangers. Qu'un nouveau créancier intervint alors, il pouvait prétendre participer à des retenues que le patron aurait dû continuer d'opérer en vertu de l'opposition primitive.

Evidemment, le bon sens de nombreux Juges de paix a réglé selon l'équité ces situations anormales, mais, dans quelques cas, il est intervenu des condamnations contre des patrons qui raisonnablement avaient cessé de retenir depuis longtemps.

4

A part sa notation sur le registre, à quoi peut servir une mainlevée dans cette matière ? Le créancier qui reçoit et donne quittance définitive ne consacre-t-il pas suffisamment la renonciation à son droit ? A quoi bon, dès lors, la complication de la mainlevée ? Cette mainlevée dut longtemps être timbrée et enregistrée ; elle ne fut dispensée de ces impôts qu'après lutte contre le fisc, mais, quoique ainsi dégrevée, elle ne laisse pas que de créer une charge inutile pour les malheureux débiteurs.

Qu'elle disparaisse donc avec le registre qui l'a fait naître.

*
* *

La lettre recommandée semblait être une trouvaille. En admettant qu'elle soit possible pour certaines convocations, peut-elle servir de base, peut-elle être l'instrument principal d'une procédure touchant à des intérêts si nombreux et si variés ? Elle est sans doute fort bien à sa place quand il ne s'agit que de prévenir des parties qu'on sait devoir être touchées sûrement par ce moyen, relativement à des faits d'une importance secondaire ; mais quand il s'agit d'un acte d'exécution qui peut soulever des questions de droit très délicates, qui est destiné à avoir force probante, n'est-il pas préférable de s'en remettre à la spécialité de notre ministère et aux garanties que lui ont trouvées les rédacteurs du Code ?

Nul n'est tenu d'accepter de lettres recommandées ; quelle sanction pourrait-on appliquer au tiers saisi qui refuserait obstinément d'en recevoir, crainte de créer des preuves à son encontre ou de se lier à une obligation, ce qu'on a fréquemment observé ?

Quel sera l'agent responsable des défauts d'une telle signification ? Où donc les créanciers qui désireront user de cette voie d'exécution trouveront-ils la garantie qu'ils ont le droit d'attendre de tout agent auquel ils paient une rétribution ?

Le greffier, de son cabinet, pourra-t-il suppléer au travail de correction et de recherches auquel les huissiers se livrent généralement lorsqu'ils rencontrent des erreurs ?

Sera-t-il même avisé s'il existe une erreur ?

Rien que la nature des fonctions de l'huissier ne suffit-elle pas à éveiller, à attirer profondément l'attention, à faire ressortir toute la gravité, la portée des actes de son ministère et engager les parties à se précautionner contre leurs conséquences ou leurs effets ? Qui donc remplacera cet officier ministériel dans les conseils éclairés qu'il prodigue souvent aux parties à l'instant même où il pose son exploit ?

*
* *

La cession du dixième de salaires ne pourra plus être faite que par déclaration au greffe. Ce sera la rendre impossible.

Cette cession devient souvent la condition *sine qua non* d'un crédit demandé par l'ouvrier. Quand la transaction prendra naissance dans une commune éloignée du chef-lieu de canton, faudra-t-il que les contractants perdent une journée pour venir au greffe, alors que le droit commun permet de céder facilement, par acte sous seing privé, des créances de plusieurs milliers de francs, autrement importants qu'un dixième de salaires ? A la promulgation du Code civil, il n'y avait peut-être pas en France, 50 0/0 de lettrés et le législateur avait eu garde de faire peser un formalisme aussi étroit sur les contrats ; la liberté, par-dessus tout, lui paraissait précieuse. D'où vient ce retour en arrière, aujourd'hui que les lettrés sont 99 0/0, que chacun sait se rendre compte de ce qu'il signe ? Une telle exigence, en empêchant l'ouvrier de se servir de la quotité disponible de ses salaires, trop souvent, hélas ! sa seule ressource, aussi facilement que des ci-toyens fortunés le peuvent faire d'autres biens, ne porte-t-elle pas un soupçon à son libre arbitre, ne le rabaisse-t-elle pas à un quasi état de plèbe blessant pour sa dignité ? Pourquoi le maintenir ainsi dans un état permanent de tutelle et lui faire l'injure de cette différence en infligeant cet obstacle, cette entrave à son intention de contracter ? Dans toutes les autres branches de l'activité civile ou politique, n'est-il point l'égal des autres citoyens ? Son bulletin de vote n'a-t-il pas autant de valeur que celui de tout autre de classe soi-disant plus élevée ?

Et puis, il y a ceci : que bien souvent l'ouvrier n'accorde de cession qu'à titre de garantie, pour le cas seulement où il ne remplirait pas les conditions de son engage-ment. Il espère toujours, en signant, faire honneur à ses promesses et éviter la signifi-cation du transport qu'il consent ; il espère toujours, et ce sentiment est commun à tous les hommes, que ce ne sera chose connue que de lui et de son créancier. Sous l'empire de l'étrange disposition contenue dans le projet de la Commission, le transport devra être signifié de suite au patron ; il aura effet immédiat. Aucun ouvrier ne voudra s'exposer à en subir le choc d'une manière aussi violente. Ce sera, par un moyen in-direct, lui prohiber l'usage de cette seule ressource de crédit.

En outre, le transport sous seing privé ne lui coûte rien ; celui fait au greffe ne sera pas gratis.

Il ne faut pas oublier que les mesures de protection à outrance se retournent parfois lourdement sur ceux qu'elles entendent protéger.

Ces considérations sont plus que suffisantes pour faire repousser une mesure contraire à nos mœurs, dont les inconvénients ne seraient compensés par aucun avantage, même pas celui de mettre un terme à la pratique d'abus de quelques aigrefins. L'intérêt gé-néral doit prohiber une telle dérogation au droit commun.

*
* *

Comme nous l'avons déjà dit, le point sensible est celui des répartitions judiciaires, et la proposition de loi aggrave, augmente considérablement les défauts qui y sont inhérents. Elle exige que tous les règlements soient faits par l'entremise du greffe et que toutes répartitions soient judiciaires ; elle grossit les frais de cette opération dans une mesure plutôt large.

6

On a fait valoir que la lourde obligation qui pesait sur les patrons rejaillissait indirectement sur les ouvriers en provoquant parfois leur congédiement, et la proposition appesantit les obligations des patrons; ceux-ci n'en deviendront donc que plus malaisés envers les ouvriers frappés d'opposition ; ils mettront encore plus de promptitude à les renvoyer et moins d'empressement à les embaucher. Là encore, ce seront les malheureux qui souffriront d'une incommodité de procédure, et la saisie-arrêt, mesure de soutien à leur crédit, en devenant un gros souci pour les patrons, sera fatale aux ouvriers.

La proposition institue le greffier seul dépositaire des deniers saisis, elle oblige les patrons à lui rendre des comptes à tout propos et à lui porter l'argent. Que feront les Compagnies de chemins de fer qui ont des employés disséminés dans tous les cantons du territoire? Que feront les grosses exploitations des villes dont les membres habitent, un peu partout, les communes et faubourgs suburbains ressortissant à cinq et six cantons différents, dont les chefs-lieux sont parfois distants de 10 à 12 kilomètres? Ne vaut-il pas mieux, si on tient à décharger le patron de l'obligation de conserver les deniers saisis, s'en remettre à la consignation qu'il lui est toujours loisible d'opérer sans frais? (Ordonnance du 3 juillet 1816, art. 2, 8°; loi du 12 juillet 1905, art. 15.)

Pourquoi introduire aussi profondément au cœur des transactions un agent instrumentaire, qui sera plus qu'agent instrumentaire, puisqu'il sera tiers intéressé aux résultats de l'opération?

N'est-il pas à craindre que, poussés par l'intérêt, certains greffiers n'apportent trop de zèle, trop d'empressement à exécuter cette disposition et qu'il n'en dérive une source d'ennuis, de vexations pour les patrons?

N'est-ce point là porter au maximum l'intrusion d'un organe, d'un rouage forcé dans les rapports des parties et interdire à jamais à celles-ci le droit, la faculté de se rapprocher et de s'entendre pour s'arranger à l'amiable et comme elles voudront bien?

Ce serait l'antipode de tous les désidérata qui se sont fait entendre.

Le but que se propose la loi est tout autre : il est de créer un état de choses en harmonie avec les besoins des justiciables, d'établir une procédure économique, pratique, peu compliquée. Il est impossible de rencontrer ces qualités dans la proposition soutenue par la Commission. Les difficultés pratiques que nous signalons n'ont pu que lui passer inaperçues. Une critique sérieuse, faite sous le contrôle de l'expérience, peut seule les mettre en lumière. Ainsi éclairée, il est douteux que la Commission persiste dans son projet; autrement, son acte deviendrait inexplicable, **la loi ne serait pas faite dans l'intérêt des ouvriers.**

*
* *

Où donc chercher l'amélioration désirée? Dans la suppression de formalités que l'expérience a démontrées illusoires et dans un retour, autant que possible, aux côtés sages et pratiques du droit commun.

Il faut, par-dessus tout, faciliter les rapports et les répartitions amiables :

Abandonner, au seuil de la réforme, un principe inefficace, sans portée utile : l'unicité de saisie, avec son cortège incommode de visas et d'interventions ;

Faire qu'une fois l'opposition signifiée, les parties soient, comme en droit commun, par raison supérieure, pour leur indépendance et dans leur intérêt, maîtresses de leur situation, non rivées à une centralisation quelconque ; faire qu'elles puissent perdre tout contact, s'il leur plaît, avec l'agent légal leur ayant servi d'instrument; autrement dit, qu'elles puissent payer, toucher, se régler sans l'intervention et en arrière de l'agent que la loi aura placé pour donner force probante à l'acte d'exécution ;

Diminuer au strict minimum, en les entourant cependant des garanties suffisantes, les formalités des répartitions qui, malgré tous les efforts, devront se dérouler devant le Juge de paix.

Si une telle répartition devient nécessaire, il faut laisser au Juge de paix le plus grand pouvoir discrétionnaire, s'en remettre à ses lumières et à la bienveillance naturelle qui existe dans ses fonctions, le laisser agir plutôt en conciliateur qu'en juge. Une source de longueurs et de frais pour les répartitions actuelles réside dans les défauts qui se produisent à l'audience et dans les significations qui en découlent. Le meilleur moyen de la tarir, en cette matière qui roule sur de si modestes intérêts, est de faire fléchir le principe contenu dans l'art. 150 du Code de procédure civile et qui consiste à toujours donner tort aux absents. Il est préférable que le juge, au lieu d'anéantir les droits de ceux-ci, en tienne état, sauf naturellement contestation du débiteur et preuve de sa libération. Ainsi sera évité le circuit de significations, d'oppositions à jugement, convocations nouvelles sur ces oppositions qui ne font qu'allonger la durée et les frais des répartitions et auxquelles sont liés des comparutions, des déplacements multiples et irritants pour les intéressés. La cause des nombreux défauts constatés provient de ce que les parties ne sont point touchées par les lettres recommandées, soit par suite de décès, soit par suite de changements de domiciles. C'est une lacune importante de cette procédure. Un moyen plus efficace serait assurément de suivre le créancier au domicile qu'il ne manquera pas d'élire, à cette fin, dans son exploit d'opposition. Comme, dans la plupart des cas, ce domicile sera dans l'étude d'un huissier, d'un avoué ou de tout autre homme d'affaires, ces derniers ne manqueront pas de faire, dans l'intérêt de leur client, des démarches que le greffier ne pouvait avoir souci d'effectuer.

Il faut, aux audiences de répartition qui ne sont, en somme, que des réunions destinées à réglementer un partage de sommes relativement à des intérêts ou des droits préexistants consacrés ou résolus par des actes ou des décisions antérieures, admettre une facilité extrême de représentation pour les parties. Le mandat verbal est suffisant. A cet égard, la loi de finances d'avril 1905, en étendant l'exemption de timbre et d'enregistrement aux pouvoirs spéciaux pour ces opérations, a réalisé un progrès. On peut encore améliorer en dispensant de tout pouvoir écrit. La sincérité des mandats n'échappera pas au juge.

Si, après la première réunion faite sur lettre recommandée, une signification deve-

8

nait nécessaire, il serait prudent de revenir au ministère de l'huissier, afin d'éviter les travers et les écueils inhérents à la lettre recommandée. Le résultat sera plus certain et les frais plus réduits, ainsi que nous l'établissons par les tableaux ci-après.

Si des oppositions surviennent à la décision du juge, il est indispensable de circonscrire les débats, qu'elles engendreront, entre les seuls intéressés qui seront touchés par ces oppositions et de ne remettre en cause que ces derniers, c'est-à-dire presque toujours l'opposant et le débiteur : deux parties seulement.

Enfin, le cas échéant, mettre à la charge de l'opposant les frais qu'il aurait inutilement causés.

*
* *

Messieurs, notre corporation ne peut penser qu'aucun parti-pris se soit glissé contre elle au sein des assemblées délibérantes, dans quelque parti politique que ce soit. Elle croit pouvoir compter sur la justice impartiale de tous les membres de la représentation nationale, alors surtout que ses observations, cherchant et voulant sincèrement la protection d'intérêts plus sacrés que les siens, ne sont appelées à lui profiter que dans une très modeste mesure.

Fonctionnaires indispensables, existant sous la tutelle de l'Etat, nous avons le droit de compter sur le concours des législateurs du pays pour nous aider à vivre et nous soutenir dans notre tâche.

*
* *

Très respectueusement, [en conclusion aux observations qui précèdent, nous avons l'honneur de vous soumettre le projet de loi suivant qui nous paraît répondre aux critiques et aux objections formulées.

Les points qui en dominent l'économie sont :

I. — Réduction au strict minimum des formalités, des frais, démarches et pertes de temps.

II. — Compétence du juge de paix du lieu où s'effectue le principal travail du débiteur et où il est attaché comme ouvrier ou employé. Ce lieu aura l'avantage de réunir presque toujours le domicile des trois personnes intervenant dans toute saisie-arrêt : débiteur, créancier, tiers-saisi. C'est assurément là où se trouvera le débiteur que la dette naîtra et que se trouvera, sinon le véritable domicile du patron, du moins un établissement, un chantier important auxquels seront adjoints les organes de sa comptabilité.

III. — Facilités extrêmes de la répartition amiable, sans frais pour le débiteur.

IV. — Astreinte du tiers-saisi au minimum d'obligation et d'ennuis.

V. — Suppression du registre spécial.

VI. — Faculté pour le débiteur d'éviter l'opposition en consentant volontairement l'abandon du dixième des salaires.

*
* *

Un parallèle entre ce projet et celui soutenu par le rapport de M. Savary fait ressortir les constatations suivantes :

En vertu du projet de la Commission, toute saisie-arrêt initiale ou subséquente coûterait 4 francs, ci . . . . 4 fr. » (1)

La conséquence inéluctable en serait le règlement par l'entremise du greffe qui coûterait, outre les démarches obligées des intéressés, et notamment du tiers saisi . . . . 4 » (2)

Ensemble . . . . 8 fr. »

La saisie-arrêt nécessiterait en outre, pour le moins, et dans tous les cas, qu'il y ait titre ou non, un dérangement au créancier et au débiteur. Qu'on se figure dans les cantons industriels et peuplés l'encombrement des bureaux de conciliation aux jours d'audience. Tels qui seront appelés pour une heure ne passeront devant le juge qu'après une, deux et trois heures d'attente ; ajoutons le temps de se rendre pour les parties éloignées, on arrive, outre les frais de voyage, à la perte d'une demi-journée pour deux personnes.

Ces deux demi-journées, évaluées à un minimum de 2 francs l'une, représentent une valeur de 4 francs, ci . . . . 4 »

On arrive ainsi à une dépense totale minimum de . . . . 12 fr. »

En vertu du projet ci-après, l'exploit ordinaire de saisie-arrêt, en vertu d'un **titre**, ne coûtera que 2 fr. 25 (3).

---

(1) Détail du coût :

Deux appels recommandés	1 fr.	»
Procès-verbal d'arrangement	1	»
Mention de l'opposition	1	»
Deux lettres recommandées	1	»
	4 fr.	»

(2) Voici le détail :

Avertissement pour le règlement au créancier	0 fr.	50
— — au débiteur	0	50
Emolument par attribution	3	»
	4 fr.	»

(3) Détail :

Original	1 fr.	50
2 Copies à 0 fr. 375	0	75
	2 fr.	25

Sans dérangement pour le débiteur ni pour le créancier.

Le règlement, qui s'opérera presque toujours amiablement, ne coûtera absolument rien à l'ouvrier. Il n'entraînera non plus aucun nouveau dérangement pour le débiteur, le créancier et le tiers saisi, ce qui, sans le sembler de prime abord, constitue un avantage immense pour les parties, puisque tous ces déplacements incommodes sont la source d'ennuis et contre-temps fâcheux.

L'exploit, avec voyage maximum, ne coûtera que 6 fr. 25, ci...... 6 fr. 25 (1)

Enfin, si une conciliation précède, cette formalité avec l'exploit au maximum, ne coûtera encore que.. 6 fr. 75 (2)

Faisons aussi cette remarque que, dans tous les cas où un voyage sera dû à l'huissier, ce sera un indice de l'éloignement des parties, lesquelles retrouveront alors au double, dans les déplacements qui leur seront épargnés, et par compensation, l'économie de leur temps.

Veut-on prendre l'hypothèse de saisies-arrêts multiples sur un seul ouvrier, nous obtenons les résultats suivants :

CAS DE DIX SAISIES-ARRÊTS

§ 1er. — PROJET DE LA COMMISSION

Coût : 10 $\times$ 4...	40 fr. »
12 Avertissements au règlement....................................	6 »
10 Attributions..	30 »
Perte de temps, déplacements	Ordre.
Total...........................	76 fr. »

§ 2. — PROJET PROPOSÉ

10 Saisies-arrêts... 22 fr. 50

Pas d'autres débours, soit une **économie**, en faveur de l'ouvrier, de **53 fr. 50**.

Et ceci, abstraction faite des déplacements et du temps épargné qu'on pourrait encore évaluer à 40 francs.

Veut-on admettre qu'il y ait au moins la moitié des saisies-arrêts au coût maximum, dans ce cas nous aurons :

(1) Détail :

Original...	1 fr. 50
2 Copies...	0 75
Voyage...	4 »
	6 fr. 25

(2) Détail :

Avertissement au débiteur...........................	0 fr. 50
Ordonnance sur requête..............................	Néant.
Exploit maximum....................................	6 25
	6 fr. 75

10 Saisies-arrêts, coût moyen (1)...................................... 45 fr. »
Economie en faveur de l'ouvier, **31 francs**.

HYPOTHÈSE DE LA RÉPARTITION JUDICIAIRE

§ 1. — PROJET DE LA COMMISSION

10 Saisies-arrêts... 40 fr. »
12 Avertissements au règlement (2)............................. 6 »
 5 Défaillants (5 significations) (3)........................... 8 75
Mention d'opposition.. 1 »
12 Avertissements nouveaux.................................... 6 »
10 Attributions... 30 »
                                                            ———————
                                                            91 fr.75

§ 2. — PROJET PROPOSÉ

10 Saisies-arrêts (moyenne) (1)............................... 45 fr. »
12 Avertissements au règlement (2)............................ 6 »
 5 Défaillants.. Ordre.
Si aucune contestation n'est soulevée à l'égard des défaillants, ceux-ci
n'en seront pas moins admis à la répartition et aucune signification n'interviendra.
10 Extraits.. 10 »
Copie de l'état de répartition et envoi au tiers saisi....... .... 2 50
                    Total............................. 63 fr. 50
                                                            ———————

Economie pour l'ouvrier, **28 fr. 25**.

En admettant que même avec ce projet des significations deviennent nécessaires,
nous aurions comme frais :

---

(1) C'est-à-dire :
    1 Saisie-arrêt à............................. 2 fr. 25
    1   —   à............................. 6 75
                                              ————
                                              9 fr. »
            Soit moyenne................. 4 fr. 50

(2) 10 pour les créanciers, 1 pour le débiteur, 1 pour le tiers saisi.
(3) Détail :   5 copies à 1 fr. 50.................... 7 fr. 50
                 5 lettres à 0 fr. 25.................... 1 25
                                              ————
                                              8 fr. 75

5 Significations (moyenne) (1) . . . . 6 fr. 45

Opposition et notification aux seuls intéressés mis en cause. . . . . Ordre.

Dans la majeure partie des cas, le seul intéressé à remettre en cause en vertu d'une opposition sera le débiteur. Tous autres seront laissés dehors. Le coût d'une signification d'opposition portant en même temps assignation à reparaître à l'audience ne sera donc que de 1 90

Ensemble . . . . 8 fr. 40

Ces 8 **fr.** 40 ajoutés au 63 fr. 50 d'autre part, ne forment encore qu'un total de 71 fr. 90, c'est-à-dire encore **inférieur de 18 fr. 35** au coût ordinaire et tout fait du projet de la Commission.

Il est facile de se rendre compte que, sur un nombre indéfini d'oppositions, le boni au profit de l'ouvrier suivra une progression ascendante en rapport avec une progression arithmétique ayant pour raison 2.

PROJET DE LOI

La loi du 12 janvier 1895 sur la saisie-arrêt des salaires et petits traitements est modifiée ainsi qu'il suit :

TITRE I

DE LA SAISIE-ARRÊT

1. — Les salaires des ouvriers et gens de service ne sont saisissables que jusqu'à concurrence du dixième, quel que soit le montant de ces salaires.

Les appointements ou traitements des employés ou commis et des fonctionnaires ne sont également saisissables que jusqu'à concurrence du dixième lorsqu'ils ne dépassent pas 2,000 francs par an.

---

(1) C'est à-dire :

5 Significations à un seul original donnant :
Original. . . . . 1 fr. 50
5 Copies à 0 fr. 375. . . . . 1 90
3 fr. 40
5 à 5 originaux et 5 copies, soit 5 × 1.90. . . . . 9 50
12 fr. 90
Soit moyenne. . . . . 6 fr. 45

Envisageant la possibilité d'un voyage dû à l'huissier, il ne pourra jamais y avoir lieu, en cette matière, qu'à un seul voyage, en raison de ce que les divers intéressé seront domiciliés dans la même localité. Ainsi, nous connaissons un ouvrier qui a 45 oppositions sur ses salaires ; ses créanciers sont domiciliés dans la même commune. Une signification serait-elle à faire à ces 45 opposants, qu'elle ne coûterait que :
Original. . . . . 1 fr. 50
45 Copies à 0 fr. 375. . . . . 16 90
18 fr. 40

Faites selon le projet de la Commission, elles coûteraient 45 × 1.50 = 67.50.

Tout débiteur compris dans la catégorie déterminée par les deux paragraphes précédents pourra abandonner volontairement, au profit de ses divers créanciers, le dixième saisissable de ses salaires.

2. — Les salaires, appointements et traitements visés par l'article 1er ne pourront être cédés que jusqu'à concurrence d'un autre dixième.

Tout créancier cessionnaire ne sera admis, pour la même créance, à participer à la distribution du dixième saisissable que lorsque, par des significations de transport antérieures à la sienne, il serait privé de l'effet de son propre transport.

Toute cession faite par acte sous seing privé devra porter, écrit en entier de la main du cédant, à peine de nullité : « Bon pour cession d'un dixième de mes salaires pour la somme de ... ». La somme sera écrite en lettres.

Si le débiteur ne sait écrire ni signer, il ne pourra céder valablement que par déclaration faite devant le juge de paix ou par acte devant notaire et en brevet.

3. — Les cessions et saisies faites pour le paiement des dettes alimentaires prévues par les articles 203, 205, 206, 207, 214 et 349 du Code civil, ne sont pas soumises aux restrictions qui précèdent.

4. — Aucune compensation ne s'opère au profit des patrons entre le montant des salaires dûs par eux à leurs ouvriers et les sommes qui leur seraient dues à eux-mêmes pour fournitures diverses, quelle qu'en soit la nature, à l'exception toutefois :

1° Des outils ou instruments nécessaires au travail ;

2° Des matières et matériaux dont l'ouvrier a la chargé et l'usage ;

3° Des sommes avancées pour l'acquisition de ces mêmes objets.

5. — Tout patron qui fait une avance en espèces en dehors du cas prévu par le § 3e de l'article 4 qui précède, ne peut se rembourser qu'au moyen de retenues successives ne dépassant pas le dixième du montant des salaires ou appointements exigibles.

La retenue opérée de ce chef ne se confond ni avec la partie saisissable ni avec la partie cessible portée en l'article 2.

Les acomptes sur un travail en cours ne sont pas considérés comme avances.

TITRE II

PROCÉDURE DE SAISIE-ARRÊT SUR LES SALAIRES ET PETITS TRAITEMENTS

§ 1er. — *De la signification de la saisie-arrêt,*
des moyens d'en régler les causes ou de la contester.

6. — La saisie-arrêt sur les salaires et les appointements ou traitements ne dépassant pas annuellement 2,000 francs dont il s'agit à l'article 1er de la présente loi, sera pratiquée en vertu de titres authentiques ou privés.

S'il n'y a point de titre, la saisie-arrêt ne pourra être pratiquée qu'en vertu de l'autorisation du juge de paix, sur requête signée de la partie ou de son mandataire. L'autorisation énoncera la somme pour laquelle la saisie-arrêt sera formée.

Toutefois, avant d'accorder l'autorisation, le juge de paix pourra, si les parties n'ont déjà été appelées en conciliation, convoquer devant lui, par simple avertissement, le créancier et le débiteur.

7. — L'exploit de saisie-arrêt contiendra en tête l'extrait du titre s'il y en a un et, à défaut de titre, copie de l'autorisation du juge. L'exploit sera signifié soit au tiers saisi, soit à son représentant ou préposé dans le lieu où s'effectue le paiement.

L'huissier délivrera deux copies aux mains du tiers saisi, dont une, sous pli fermé, destinée au débiteur.

8. — A toute époque et sans qu'il soit besoin d'aucune formalité, le tiers saisi pourra toujours, s'il n'existe pas d'autre opposition, avec le consentement du débiteur, verser les retenues par lui faites aux mains du créancier saisissant.

Toute quittance délivrée par ce dernier ou par son mandataire entraînera de plein droit mainlevée de la saisie-arrêt ou désistement du transport, soit partiellement, soit définitivement, selon la nature du paiement effectué.

La mainlevée ou le désistement pourront encore résulter d'une simple lettre-missive émanant du créancier ou de son mandataire ; ils ne pourront en aucun cas entraîner de frais spéciaux à la charge du débiteur.

9. — Si le débiteur entend contester la saisie-arrêt, il fera citer son créancier devant le juge de paix du lieu où s'effectue son principal travail et où il est attaché comme ouvrier ou employé.

La citation sera signifiée au domicile élu par le créancier dans son exploit d'opposition et, à défaut, à son domicile réel.

Le juge de paix statuera sans appel dans les limites de sa compétence et à charge d'appel à quelque chiffre que la demande puisse s'élever, sur la validité, la nullité ou la mainlevée de la saisie.

S'il est incompétent, il tentera de concilier les parties, et, s'il ne peut y arriver, les renverra devant le tribunal compétent.

§ 2. — *De la répartition amiable.*

10. — Dans le cas où il y aurait plusieurs créanciers opposants, ceux-ci et le débiteur pourront toujours s'entendre pour faire la répartition amiable des retenues effectuées sans que, dans aucun cas, ce mode de répartition puisse entraîner de frais à la charge de ce dernier.

Sur la représentation de l'état de répartition établi entre les créanciers et le débiteur, le tiers saisi sera tenu de remettre à chacun des ayants droit les sommes leur revenant, sinon les créanciers seront subrogés collectivement aux droits de leur débiteur pour en poursuivre contre lui le recouvrement.

Le tiers saisi pourra lui-même, avec le consentement de son ouvrier, faire d'office la répartition proportionnelle des retenues entre les divers créanciers et en se basant uniquement sur le chiffre des créances tels qu'ils seraient indiqués dans les saisies-arrêts.

§ 3. — *De la répartition judiciaire.*

11. — Dans le cas où il y aurait plusieurs créanciers opposants et où ceux-ci, le

débiteur et le tiers saisi, ne s'entendraient pas sur la répartition amiable, que les retenues seraient suffisantes pour distribuer un dividende de 20 0/0, ou lorsque deux années
se seront écoulées depuis la première saisie-arrêt sans que ce quantum soit atteint, ou
encore lorsque l'ouvrier aura quitté son patron, il pourra être ouvert une contribution
devant le juge de paix du lieu où s'effectue le travail principal du débiteur et où ce dernier est attaché comme ouvrier ou employé.

12. — Toute partie intéressée qui voudra, dans ce cas, provoquer la contribution,
déposera au greffe de paix, en même temps qu'elle y signera une réquisition, l'état des
créanciers opposants tel que cet état lui aura été fourni par le tiers saisi. Cet état contiendra l'indication des domiciles élus par les opposants dans leurs oppositions ; il contiendra, en outre, les noms et domiciles du débiteur et du tiers saisi. Ce dernier devra,
à toute réquisition soit du débiteur, soit des créanciers opposants ou de leurs mandataires, mais sans aucun frais ni déplacement pour lui, leur communiquer les diverses
saisies-arrêts qui lui auront été signifiées, sous peine d'être passible de tous dommages-
intérêts et frais qu'il aura nécessités.

13. — Les intéressés seront avertis par lettres recommandées du greffier adressées,
pour les créanciers, aux domiciles par eux élus, ou, à défaut, à leurs domiciles réels ;
pour le débiteur, à son domicile réel, et pour le tiers saisi, dans le lieu où travaille le
débiteur, et, à défaut, à son domicile, et ce, quinze jours au moins avant la date de la
comparution.

14. — Les créanciers seront valablement représentés à l'audience par mandataire
même verbal, porteur de leur titre de créance et de l'original de leur exploit d'opposition. Ce titre et cet exploit seront représentés au juge de paix autant de fois qu'il le
jugera nécessaire.

15. — Au jour indiqué ou à toute autre audience fixée par lui, le juge de paix, prononçant sans appel dans la limite de sa compétence et à charge d'appel à quelque
valeur que la demande puisse s'élever, statuera sur la validité, la nullité ou la mainlevée des saisies, ainsi que sur la déclaration affirmative que le tiers saisi sera tenu de
faire audience tenante. Toutefois, la présence du tiers saisi ne sera pas indispensable,
et il pourra faire sa déclaration par simple lettre. Si sa déclaration faite en cette forme
est contestée, il sera procédé comme s'il était défaillant.

Le juge de paix recherchera, en outre, les causes de la répartition judiciaire et pourra
condamner aux dépens la partie qui, par son fait, l'aura occasionnée.

Les parties qui ne contesteront pas ou qui ne se présenteront pas, seront considérées
comme s'en rapportant à justice, et le jugement qui interviendra sera définitif à leur
égard. Ce jugement contiendra mention des non contestations et non comparutions, et
il ne sera signifié aux non comparants que dans le cas où il prononcerait la mainlevée
de leurs oppositions.

Si le jugement est par défaut à l'égard du débiteur, il lui sera signifié. Il en sera de
même à l'égard du tiers-saisi, si celui-ci n'a pas comparu ou si sa déclaration affirmative faite en forme de lettre a été rejetée.

La signification sera faite par exploit à la requête de la partie la plus diligente.

16. — L'opposition ne sera recevable que dans les quinze jours de la signification. Elle indiquera d'une manière précise les points que l'opposant entendra contester et ne sera signifiée qu'au débiteur et aux parties contestantes.

L'opposant pourra être condamné aux dépens de son opposition et de l'instance y faisant suite, s'il a excuse insuffisante relativement à sa non comparution à la première audience.

Si le tiers-saisi n'a pas comparu ni fait de déclaration affirmative suffisante, il sera déclaré débiteur pur et simple des retenues qu'il aurait dû faire d'après l'évaluation qui en sera faite par le juge.

17. — Le nouveau jugement qui interviendra ne pourra être attaqué que par la voie de l'appel s'il est susceptible de cette voie de recours. L'appel sera formé dans les quinze jours du prononcé du jugement et sans qu'il soit besoin de signifier celui-ci ; il sera signifié dans les conditions ci-dessus prévues pour l'opposition.

18. — Après l'expiration des délais de recours et même dès la première audience, si toutes les parties ont comparu ou qu'il n'y ait été soulevé aucune contestation, le juge procédera à la répartition sur les pièces et documents qui lui auront été déposés ou dont il aura pris note.

Une copie de cette répartition sera adressée au tiers-saisi par le greffier.

Un extrait ou bordereau sera dressé pour chaque créancier et retiré du greffe par lui ou par son mandataire. Ces bordereaux seront exécutoires contre le tiers-saisi ou contre la Caisse des dépôts et consignations dans le cas où les fonds y auraient été déposés ; ils seront payables au porteur.

A toute phase de la procédure, les intéressés pourront se rapprocher et abandonner les voies judiciaires pour procéder amiablement.

19. — Tous exploits, autorisations, jugements, décisions, procès-verbaux, états de répartition, actes de cession, pouvoirs, mainlevées qui interviendront ou seront nécessaires pour l'exécution de la présente loi seront rédigés sur papier non timbré et enregistrés gratis. Les avertissements, lettres recommandées, les copies d'états de répartition seront exempts de tous droits de timbre et d'enregistrement.

20. — Il sera alloué aux huissiers, pour tous exploits de leur ministère relatifs à l'exécution de la présente loi, les émoluments fixés pour les huissiers ordinaires par le tarif du 16 février 1807.

En aucun cas, il ne leur sera alloué d'émolument pour les copies de pièces qu'ils devront signifier. Selon les cas, ils prendront au greffe, sans frais, copie des jugements qu'ils auraient à signifier.

Leurs frais de transport, quelle que soit la distance parcourue, ne pourront jamais excéder 4 francs.

21. — Les lois et décrets antérieurs sont abrogés en ce qu'ils ont de contraire à la présente loi.

22. — La présente loi est applicable à l'Algérie et aux colonies.